FALANTE

© 2021 by Eduardo Ferrari

DIREÇÃO GERAL: **Eduardo Ferrari**
COORDENAÇÃO EDITORIAL: **Ivana Moreira**
ILUSTRAÇÃO: **Paulo Stocker**
CAPA, PROJETO GRÁFICO E DIAGRAMAÇÃO: **Estúdio EFe**
REVISÃO DE TEXTO: **Gabriela Kimura**
BANCO DE IMAGENS: **Freepik Premium**

Dados Internacionais de Catalogação na Publicação (CIP)
(eDOC BRASIL, Belo Horizonte/MG)

F375f   Ferrari, Eduardo.
         Falante / Eduardo Ferrari. – São Paulo, SP: Literare Books International, 2021.
         14 x 21 cm

         ISBN 978-65-5922-068-7

         1. Ficção brasileira. 2. Literatura infantojuvenil. I. Título.
                                                          CDD 028.5

Elaborado por Maurício Amormino Júnior – CRB6/2422

Esta obra é uma coedição EFeditores e Literare Books International. Todos os direitos reservados. Não é permitida a reprodução total ou parcial desta obra, por quaisquer meios, sem a prévia autorização do autor.

EFeditores
Rua Haddock Lobo, 180 | Cerqueira César
01414-000 | São Paulo - SP
(11) 3129-7601
www.eduardoferrari.com.br
contato@eduardoferrari.com.br

Literare Books International
Rua Antônio Augusto Covello, 472 | Vila Mariana
01550-060 | São Paulo - SP
(11) 2659-0968
www.literarebooks.com.br
contato@literarebooks.com.br

Esta obra integra o selo "Filhos Melhores para o Mundo", iniciativa conjunta das editoras brasileiras EFeditores e da Literare Books International.
www.cangurunews.com.br

O texto deste livro segue as normas do
Acordo Ortográfico da Língua Portuguesa.

1ª edição, 2021
Printed in Brazil | Impresso no Brasil

EDUARDO FERRARI

FALANTE

Ilustrado por Paulo Stocker

Paulo | 2021

1ª edição

PARA PEDRO E GABRIEL,
meus meninos falantes.

"Se perguntarem pra você
O que falar sobre si mesmo o que dirá?
Dirá que sabe o que não sabe
Tudo aquilo que jurou nunca dizer
Por que?
Você gosta de falar, falar, falar!
Então me diga sobreo que você fala bem?"
[...]

Chorão, vocalista do Charlie Brown Jr.,
em "Falar, falar...".

CAPÍTULO 1

Véspera da volta às aulas. De novo. Perdi a conta de quantas vezes as aulas voltaram. Por que será que elas sempre voltam? Meu pai não tem mais aula para voltar. Nem minha mãe. Nem a minha avó tem. Tudo bem que meu irmão tem aula, mas sou capaz de apostar que ele vai ficar livre disso primeiro que eu. Que azar que fui nascer depois dele.

Véspera da volta às aulas. Já falei isso, não é? E aqui estou eu na festa de aniversário de um colega meu que faz a mesma idade que eu durante as férias. Que jeito de terminar as férias, não é? Amanhã voltaremos para a prisão, mas ao menos estamos nos enchendo de doce hoje e correndo até ficar molhados como se estivéssemos debaixo do chuveiro.

A gente se diverte, mas tudo acaba amanhã: vamos mesmo para prisão. Exagero? É assim que meu amigo explica como é a volta às aulas. Todo mundo entende o que significa para quem, como nós, tem 10 anos.

Somos arrastados pelo caminho. De casa até a escola. Na porta da prisão, ops, da escola, tem o vigia. A gente entrou e não sai mais. Não sem nenhum responsável para nos pegar. Eu já vi em um filme: prisão é assim mesmo. Entre um momento e outro temos banho de sol, refeição e trabalhos forçados. Não é assim na escola? Recreio, merenda e prova.

Meu pai sabe bem do que estou falando sem eu nunca ter falado isso com ele. No último carnaval ele me levou numa loja de fantasias e insistiu para que eu escolhesse uma roupa de presidiário. — Vai ficar ótima em você, Bernardo! É do seu tamanho!, disse.

Eu não quis de jeito algum. Isso fica parecendo a verdade: a escola é uma prisão. Eu não. Preferi ir de cavaleiro medieval. Vocês tinham que ver a máscara que compramos. Eu me sentia o próprio rei Arthur entrando em Camelot. E ninguém desconfiou que eu era mesmo, um prisioneiro contrariado.

CAPÍTULO 2

Hora de dormir. Finalmente um descanso. Para Bernardo também é a hora de parar de pular. Será? Ele se deita. Inquieto. Mesmo deitado não para um instante. Suas pernas não querem parar. O pior é a mente. Ele fecha os olhos, se cobre com a coberta, como seu pai falou, tenta contar carneirinhos como numa história que sua mãe contou, mas nada adianta.

Na sua cabeça quem conta é um carneirinho. Um, dois, três... Quatro, cinco, seis... Bernardo aparece correndo. Pula o cercado. Sete... oito... nove... Mais um Bernardo vem aí... Dois Bernardos... Três Bernardos correm em direção ao cercado. Pronto, o carneirinho, coitado, perdeu a conta. Dez, quinze, vinte... Isso não dá sono para ninguém.

O carneirinho saiu correndo atrás do Bernardo. Logo veio outro Bernardo seguido por outro carneirinho. Uma fila imensa se formou. Todo mundo parado num congestionamento que apenas tirava o sono. Dormir nem pensar.

E ainda tinha aquele vídeo que ele começou a assistir na internet e que não pôde terminar porque seu pai disse que era hora de dormir. Como será que ele termina? Bernardo não podia esperar para acordar, ligar o computador e ver como é o fim do vídeo. Mas para acordar ele precisava dormir. E nada do sono chegar.

— Mamãe, vem cá!, repete Bernardo, mas ela não vem.

— Bernardo, posso te ajudar?, diz seu pai da entrada do quarto.

— Não, só serve a mamãe, responde.

— Bernardo, dá para parar de gritar?, também grita seu irmão do quarto. Eu quero dormir, completa.

— Mamãe, o Bernardo está te chamando!, diz o pai.

A mãe de Bernardo se levanta sonolenta da cama. Vai até o quarto e se deita com Bernardo. Um minuto depois, ambos pegaram no sono.

CAPÍTULO 3

Um dos meus personagens mais novos é o Escultura de Sabão. Ele aparece toda vez que estou tomando banho. Aquele sabão que derrete nas mãos por causa da água quente é muita tentação. Parece uma massinha.

Então, enquanto estou debaixo do chuveiro com aquela água fervendo, parecendo quase uma chama de cabeça para baixo de tão quente, o sabonete derrete e crio meus bonecos palito. Eles têm cabeça, corpo, braço e pernas. Ficam ótimos na bancada dentro do box.

Quando saio, tem tanta fumaça de vapor que ninguém vê. Só existe um problema: se alguém quiser tomar banho logo depois vai encontrar minha obra de arte. Eu não gosto. Prefiro guardá-las apenas pra mim. No meu próximo banho eu uso a escultura de sabonete para me lavar. Assim não se desperdiça nenhum sabonete. Também tem outro sabonete novinho dentro da gaveta da penteadeira do banheiro. Nunca é um problema.

Até chegar a vez de meu pai tomar banho. Ele detesta sabonetes amassados, mas acho que detesta mais ainda desperdícios. Então quando ele diz que vai tomar banho depois de mim, eu sempre chamo por ele:

— Pai, vem cá... Chamo por ele ao meu quarto.

— Estou indo, ouço ele respondendo.

    Nisso ele é muito bom: chegar rápido quando chamamos por ele. Minha mãe sempre responde que está vindo e nunca vem. Demora, demora, demora, demora... Igual essa frase.

    Quando meu pai entra no quarto mostro o que estou assistindo no computador, mostro o que estou desenhando no meu caderno, falo do jogo que estava jogando no console, conto a história do filme mais recente que assisti... E ele ali, às vezes de toalha, querendo ir para o banho. Eu faço isso só para atrasar seu banho e muitas vezes funciona porque outra pessoa entra primeiro e salva minha escultura.

    Quando meu pai chega por lá tem um sabonete novinho esperando por ele. Mas só às vezes dá certo. Quando não dá, eu ouço meu pai gritar:

    — BERNARRRDDDOOOO!

CAPÍTULO 4

Ouço sempre meu pai dizer: — A vida é uma brisa. A primeira vez em que ele falou isso perguntei o que era brisa e ele me respondeu que era um vento fraquinho. Algo que eu gosto muito é do vento. Ele não surge muito nas grandes cidades no meio de tantos prédios, a não ser que você more num andar alto.

Para minha sorte eu moro. Vigésimo segundo andar. Abro a janela e o vento vem sempre. Ela tem que ficar mais fechada do que aberta, para ser sincero. Mas morar nessa altura tem suas vantagens. O elevador demora tanto para chegar lá embaixo que meu pai brinca que cada andar é como uma parada de metrô. E imita a voz que anuncia cada estação:

— Próxima estação... Térreo... Desembarque pelo lado direito do trem.

Eu me divirto com a comparação porque um dos meus lugares favoritos para para sentir o vento, ou melhor, a ventania, é justamente nas estações de metrô. Não é engraçado que debaixo da terra onde não deveria ventar você sente a lufada de ar vindo por causa dos trens? Parece aquela sensação antes da chuva quando o cabelo da gente fica todo atrapalhado. Só que não chove e o vento não para.

Eu não sei exatamente porque ele diz que a vida é como o vento. Eu bem que gosto da ideia. Em casa, uma das coisas que eu mais gosto de fazer é ficar de frente para o ventilador. Ligo na velocidade máxima e vou jogar videogame.

Parece que o vento está vindo do próprio jogo. Vou assistir tevê, lá está meu ventinho ligado. Só não dá para comer bolacha porque o farelo voa por todo lado.

Minha mãe diz para eu não dormir com ele ligado em cima de mim porque posso ficar resfriado. O que ela não sabe é que eu também sou o Menino Ventania, aquele que adora vento no rosto. Parece que eu estou voando quando a minha capa se agita.

Outro dia eu estava assistindo um programa que mostrava como algumas cenas dos filmes de super-herói são feitas. Descobri que eles usam um ventilador gigante para fazer o vento. E eu tenho um ventilador que perto de mim é muito grande. Como minha mãe quer que eu deixe ele desligado? Assim minha capa não vai ficar esvoaçante.

CAPÍTULO 5

Eu estou vendo essa série com minha mãe para ser solidário. Se eu deixo ela sozinha na cama assistindo tevê, seja lá o que for, ela dorme. Depois acorda assustada quase na hora de dormir como se tivesse perdido alguma coisa. Perdeu, de fato. O que estava passando na televisão. Quando é novela já era, só no próximo capítulo, mas como meu pai diz que todas as novelas são iguais e que todas terminam do mesmo jeito, então eu não acho que ela perdeu muita coisa.

— Eu gosto de novelas porque não preciso pensar, tenta explicar minha mãe. É só para relaxar.

— Eu fico agitado com tanta gente xingando tanta gente. Eles fazem mais alguma coisa além de brigar?, digo para minha mãe.

Com as séries é diferente. É um jeito novo de assistir a tevê. Você pode escolher o que quer ver e se perder alguma parte, porque dormiu como minha mãe ou por que foi ao banheiro como eu, basta voltar atrás e ver de onde perdeu. É igual a um videocassete, diz meu pai. Eu não sei o que é isso, mas se ele falou, deve ser verdade.

Outra parte divertida é que mal acaba um capítulo e antes de você pensar em mudar começa outro. É viciante. Minha mãe sabe. E agora eu também. Eu reconheço que não paro de conversar durante o episódio, mas não é que funcionou e minha mãe não dormiu em nenhuma parte?

Dizem que fazer isso — assistir um episódio atrás do outro — se chama maratonar. Que estranho, eu pensei que maratona fosse correr aquela corrida que não acaba nunca. As séries acabam, mas se todo mundo diz, deve ser verdade.

— Mamãe acorda, você acaba de perder o fim do episódio, digo tentando acordá-la.

— O que, onde, por quê?, ela resmungou baixinho.

— Mas vai começar outro agora, respondi.

ZZZZzzzzz... É, acho que ela dormiu mesmo.

Clique... Chega de tevê por hoje.

CAPÍTULO 6

Não é uma tarefa fácil ser pai do Bernardo. Basta olhar para o pai dele para perceber isso. Se o menino tem TDAH (1) de onde vocês acham que veio isso? Do pai dele. Mas agora que seu pai já tem mais de 50 anos isso quer dizer que se pode fazer pouco ou quase nada para mudar o seu jeito. Pelo menos é o que ele achava.

Bernardo é elétrico, distraído e falante, mas em seu pai o principal sintoma parece ser a impulsividade. Seu pai é como leite que está prestes a ferver. Está sempre a 99 graus centígrados e quando ferve se não desligar o fogo, derrama.

O que se pode fazer depois é limpar a bagunça, mas o mal está feito. O pai de Bernardo é um irrequieto tardio e isso pode ser pior do que ser um TDAH infantil. Isso explica muita coisa.

Antes dos 40, o pai de Bernardo era um profissional incrível. Passou por algumas das maiores empresas do país. Seu trabalho era elogiado, as pessoas gostavam de trabalhar com ele.

Ainda assim, sua distração crônica e impaciência lhe custaram todos esses empregos.

    Ele contou certa vez que em seu primeiro dia de trabalho numa dessas empresas foi acompanhar um grande evento onde o presidente faria uma palestra. Foi direto e fez uma cobertura elogiada por todos.

    Bem, quase todos. Quando voltou para sua sala no fim do dia havia um recado escrito à mão pela diretora de recursos humanos:

— Na próxima vez em que for cobrir um de nossos eventos, sugiro que o novato se apresente formalmente para quem está coordenando. No caso, sua diretora de recursos humanos, ele leu.

    Passou um mês mudo. Ninguém entendeu o motivo. A diretora nunca o perdoou. Na primeira oportunidade ela o demitiu. E não foi a única vez. Sua distração tardia lhe custou outros dois empregos, um casamento e um grave acidente de carro.

    Ele nunca soube porque as pessoas se incomodavam tanto com seu jeito até descobrir nas consultas de Bernardo que ele também tinha todos os sintomas de TDAH.

De longe, o pai de Bernardo parece um chato. De perto, diz Bernardo, ele é um encanto. Bernardo não se cansa de fazer declarações de amor para ele.

Diz:

— Você é o melhor pai do mundo.

Seu pai abre um sorriso quando escuta o menino falar isso do nada.

É claro que o parâmetro das crianças é engraçado. Quantos pais Bernardo conhece para dizer que o dele, entre milhões, é o melhor do mundo?, pensa seu pai. O pai de Bernardo também começou a se tratar quando soube que tinha distração tardia.

(1) O TDAH é uma condição crônica que inclui distração, inquietação e uma dificuldade com o controle inibitório manifestado por impulsividade comportamental e cognitiva. É o distúrbio neurocomportamental mais comum na infância, sendo uma condição de saúde crônica de maior prevalência em crianças em idade escolar, mas pode persistir na vida adulta provocando baixa autoestima, problemas de relacionamentos e dificuldades no trabalho.

CAPÍTULO 7

O irmão mais velho de Bernardo achava que sua vida era perfeita. Até os quatro anos de idade. Foi mais ou menos nessa época que Bernardo nasceu. Ele ia continuar sendo o primogênito, mas ter um irmão caçula mudava tudo. Ele se lembra da sua última festa de aniversário antes do nascimento de Bernardo.

A festa foi decorada com super-heróis japoneses, aqueles que lutam contra seres extraterrestres que, quando estavam quase ganhando, viam o monstro virar gigante e tinham que usar um robô igualmente grande para vencer a batalha — em geral, no meio de uma cidade com prédios que eram claramente feitos de papelão.

O irmão de Bernardo adorava isso. Ele se vestiu de um dos super-heróis e seu bolo era justamente em formato de robô. Quando a festa acabou, horas depois, ele disse em direção à sua mãe:

— Este foi o melhor dia da minha vida!, gritou para a gargalhada dos convidados que estavam saindo.

Quatro meses depois, Bernardo nasceu. Para piorar tudo, nasceu no mesmo dia do aniversário da mãe deles. Pronto. De agora em diante ia ter festa dupla. Era como dia de Natal.

— Como competir com isso?, perguntava a si próprio o irmão de Bernardo.

Por causa disso, sempre que ele olhava para Bernardo torcia o nariz. Ele adorou ver seu irmão no primeiro dia na maternidade, mas só de pensar nele correndo pela casa tinha calafrios.

Mas então aconteceu algo que mudou tudo: um vírus assolou o planeta. Antes, eles tinham aula em horários invertidos. Um estudava de manhã. Outro estudava à tarde. A pandemia fez os dois ficarem em casa.

No início as brigas aumentaram, mas o tempo juntos mudou o jeito que cada um se via. De repente, eles tinham os mesmos interesses. Gostavam de jogar videogame, assistir vídeos no computador. Começaram a jogar futebol juntos no pátio do prédio onde moravam. Adoravam comer pizza juntos.

Aos poucos as brigas diminuíram e seu irmão mais velho que achava que Bernardo fazia pirraça só para chamar a atenção dos pais ou para contrariar a vontade dos outros, descobriu algo diferente: Bernardo é assim e ele aceitou isso.

CAPÍTULO 8

Eu soube que aconteceu uma pandemia de um vírus mortal no mundo. A primeira pessoa que me contou foi a professora. Por causa disso, as aulas foram suspensas. Vários colegas de escola pegaram a doença e corriam o risco de todo mundo pegar. Isso não era bom.

Mas eu gostei da segunda parte das notícias. Não íamos mais ter que ir à escola. Pelo menos por um tempo, a prisão estava suspensa — me lembrei do meu amigo que dizia que as aulas eram como viver num presídio. Eu e nem ele havíamos ido a uma prisão de verdade, mas a escola era o mais perto disso que conhecíamos.

Depois daquele dia, eu fui para casa e não voltei para a escola. Achei incrível. E tudo por causa de um vírus. Eu não fiquei sem aulas, elas continuaram. Pelo computador. Viraram online. E eu virei o Menino Cibernético. Não saía da frente de uma tela por nada. Passei a ficar tanto tempo diante da tela que meu pai falou que eu ia ter "olhos de computador".

Acordava, escovava os dentes, lavava o rosto, tomava achocolatado com biscoitos e ia ver desenhos no computador. Uma hora depois tomava banho (parecia mesmo que eu estava num dia normal de escola), almoçava e me preparava para a primeira aula do dia. Sem sair do meu quarto, ia para frente do computador e minha turma inteira aparecia por lá para, assim como eu, assistir a professora falando.

    Eu realmente me sentia na escola de tanto cansaço de uma aula atrás da outra. Português, faça isso, matemática, faça aquilo, ciências, faça aquele outro. Escreve, escreve, escreve, escuta, escuta, escuta, conversa, conversa, conversa. E a professora mandava a gente ficar calado. É, estamos mesmo na escola, eu pensava.

    Depois da aula, eu me reunia com meus amigos para jogar online e nem precisava sair de frente do computador. Ficava horas assim até finalmente, à noitinha, ver mais um desenho preferido e ir dormir.

    Só de pensar que eu nunca mais tinha que ir na escola, eu adorava essa pandemia até meu pai me dizer que um dia ela ia acabar.

    — Como isso é possível?, perguntei.

— É possível porque é assim que o mundo funciona. Mesmo os piores momentos passam, respondeu.

Como isso é possível?, perguntei de novo, dessa vez somente para mim. É tão bom não ter que ir à escola, ficar de pijama o dia inteiro e só ter que ligar a tela para ver o mundo passar diante dos meus olhos de computador.

Meu pai notou meu olhar de dúvida e perguntou:

— O que houve, Bernardo?

— Nada, é que eu gosto de ser o Menino Cibernético e se tiver que ir à escola todo dia não vou poder ser mais, respondi.

Então foi a vez dele fazer olhar de dúvida. Acho que ele não entendeu nada.

CAPÍTULO 9

— Desculpa! Foi sem querer!, devem ser as frases que Bernardo mais diz para as pessoas. Ele é um distraído e isso aumenta muito as situações onde ele sente a necessidade de se desculpar e dizer que foi sem querer.

Outro dia ele quebrou três copos — no mesmo dia. Claro que foi sem querer. Ninguém quebra três copos num dia só de propósito.

— Desculpa! Foi sem querer!, ele disse e saiu correndo para se esconder no quarto.

Bernardo se sente culpado sempre que algo dá errado. Quebrar três copos no mesmo dia é demais mesmo, ele pensou. Seu pai percebeu que ele estava triste e então contou uma história de sua irmã mais velha.

Houve uma vez em que seu avô comprou um grande jogo com 24 taças de cristal para uma festa de Natal. Sua avó lavou todas elas, uma por uma, e colocou empilhadas em duas fileiras de bandejas, uma em cima da outra. Elas brilhavam de tão lindas.

A tia do Bernardo chegou em casa sem saber das taças e entrou apressada na cozinha. Deu de cara com elas. "Paft!", "crash!", "blast!" Foi só o que se ouviu. Caíram todas. Não sobrou nenhuma inteira. Foi um susto geral pela casa, mas ninguém ficou bravo com a tia dele. Todo mundo só queria saber se ela tinha se machucado. Felizmente não.

O avô de Bernardo, que havia passado horas na loja de cristais escolhendo as taças, não disse uma palavra ou fez cara de bravo. Só ficava conferindo para ver se a menina não tinha se cortado.

À noite, seu avô e sua avó receberam muitos convidados e ninguém se importou de usar os velhos copos de vidro da casa.

— O que aconteceu com sua tia depois disso?, disse o pai de Bernardo em resposta ao seu ar de indagação.

— Duas coisas: ela nunca mais entrou correndo na cozinha e virou tradição toda a família contar essa história sempre que alguém quebrava um copo, como agora, completou.

— Ra! Ra! Ra! Ra! Ra!, gargalhou Bernardo. D-e-s-c-u-l-p-a! F-o-i s-e-m q-u-e-r-e-r!, emendou.

CAPÍTULO 10

Testa machucada. Joelho ralado. Boca costurada. Não, não tem nada a ver com o sapo. Vocês já ouviram essa história de costurar a boca do sapo? Eu ouvi. Não entendi quase nada, só que costuravam sua boca com um bilhete dentro. Fiquei morrendo de dó do bichinho. Isso lá é coisa que se faça com os animais? Imagina a cara que o sapo deve ter ficado com a boca costurada.

Acho que com a mesma cara que meu pai fez quando caí da cadeira de frente para o computador e machuquei a testa, ralei meu joelho e tive que costurar a boca. Sem bilhete dentro, não se preocupem. Fui ao hospital e o médico chamou aquilo de dar pontos para o corte fechar logo e não ficar uma cicatriz muito grande. Cicatriz eu também não sabia o que era, mas me explicaram que é a marca que fica quando o corte é muito grande. O meu foi.

Eu sei que deveria me sentar comportadinho na cadeira enquanto jogo algum video game ou assisto vídeos, mas é tão irresistível sentar com a cadeira virada ou colocar os pés em cima dela na hora da emoção da partida que eu não consigo sentar direito. Acho que consigo praticamente tudo, menos sentar quietinho na cadeira. Resultado: bati de cara na mesa do computador e os machucados foram esses.

Também tinha muito sangue. Parecia que o jogo havia saído da tela e meu adversário acertou um tiro em cheio.

Mais tarde, meu pai me explicou que a história do sapo costurado tem a ver com um ritual de feitiçaria onde se escreve o nome de uma pessoa, colocando dentro da boca do sapo e costura. Assim, você vai derrotar seu inimigo.

— Urgh! Que nojo!, eu disse para ele.

Eu fiquei com tanto medo que parecia que estávamos na noite das bruxas e cada um se esforçava para contar a história mais assustadora. Sabe quando a gente coloca a lanterna na cara e vai contar a história?

Pois é. Meu pai ganhou e eu me lembrei de outra história que parecia ser com sapo: em boca fechada não entra mosquito. Blargh! Eu parei de me pendurar na cadeira.

CAPÍTULO II

O irmão mais velho e Bernardo vivem em permanente estado de eletricidade. Se um encostar no outro tomam choque. Todos os dias acontece o mesmo diálogo no quarto dos meninos:

— Você pode me ajudar a passar de fase nesse video game?

— Não!

— Você pode me ajudar a ler esse texto para o dever de casa?

— Não!

Invariavelmente, a resposta do irmão para Bernardo era não. Era tanto não de resposta que os meninos até brincavam com isso imaginando que uma pessoa pudesse se chamar Não. Ou que outra pessoa se chamasse Sim.

Algumas frases ficaram muito divertidas.

— Não está convidado... Será que Não está convidado ou Não não está convidado?

— Sim, vamos convidar?

— Sim vamos convidar Não.

E se alguém com o nome de Nada também vier. Como vamos falar com ele?

— Nada vai resolver. Nada está bem?

Bernardo e seu irmão gargalharam alto do emba-

ralhado de palavras que fizeram. Um minuto depois, seu pai escuta da sala:

— Ai, minha mão!, diz um dos meninos.

— Ai, meu pé!, diz o outro.

Eles aumentam a gritaria, mas seu pai sabe que está tudo bem.

— Sai de cima de mim, diz outra vez um deles.

— Sai do meu quarto, grita o outro.

O pai deles nem conseguia mais prestar atenção na leitura de seu livro.

— Ai, está me machucando, grita o primeiro.

— Cuidado, você vai quebrar os meus óculos, responde o segundo.

"É, acho que está na hora de intervir", pensa o pai deles:

— MENINNOOOSSS!

CAPÍTULO 12

Bernardo não gosta muito de assistir esportes. Seu pai e seu irmão, ao contrário dele, assistem a tudo. Futebol, basquete, tênis, beisebol, futebol americano, rugby... Eles acompanham competições mundo afora e por vezes passam sábados inteiros vendo tevê. E eles entendem todas as regras. Bernardo fica prestando atenção para tentar entender, mas não consegue. Além disso, os esportes são sempre a mesma coisa. Eles jogam um tempo e não satisfeitos jogam outro tudo outra vez somente trocando de lado.

— Sério isso?, ele se pergunta em voz alta.

— O que foi Bernardo?, pergunta seu pai.

— Nada, nada..., ele disfarça.

Só tem uma competição que Bernardo gosta mesmo de assistir com seu pai. É um torneio de lutas entre robôs que acontece uma vez por ano. Não é igual futebol que tem toda semana. E o que mais diverte Bernardo é que ninguém se machuca. Às vezes um robô fica todo quebrado, mas logo depois ele aparece inteiro em uma nova luta. Ele gosta tanto que disse ao seu pai:

— Pai, você sabe construir um robô?

— Nunca fiz um, mas podemos pesquisar na internet como se faz.

 Bernardo nem esperou seu pai se levantar e correu para ligar seu computador.

 — Pai, estou te esperando, disse.

 Digita, digita, digita... Seu pai pesquisou: como construir um robô.

 — Faça um doodle bot de batalha (2). Este aqui parece interessante, afirmou.

 — Um Dudu, o que?, perguntou Bernardo. Eu quero um robô, não um Dudu!, disse.

 — Eu sei... Doodle significa "rabisco" e bot é diminutivo de robô, explicou seu pai.

 — Um robô rabisco? Ah, eu adoro rabiscar. Vou chamá-lo de Rabisco, sorriu Bernardo.

(2) Como construir um doodle bot de batalha?

Existem milhares de instruções na internet para se montar um robô. A nossa também está lá. O que você precisa para construir um doodle bot: uma bateria 9 volts, um encaixe com fio para a bateria de 9 volts, um copo de papel, um motorzinho elétrico de 3-9 volts, quatro canetinhas finas que não use mais, três rolos de fita adesiva colorida, um estilete, um lápis, dois palitos de picolé, olhos googly, um balão canudo e cola quente.

Como montar: a primeira coisa é que você vai precisar da ajuda de um adulto. Pode ser seu pai, sua mãe, seu irmão... Depois disso, a primeira coisa a fazer é ligar o motorzinho ao encaixe da bateria (em geral eles tem um fio para encaixar e não precisa de solda). Ligue na bateria e teste seu motor. Enquanto não estiver usando, pode deixar desligado.

Pegue o copo de papel (daqueles que você usa no fast-food) e com o lápis faça um buraco no fundo do copo, o suficiente para passar o pino do motorzinho e ele ficar livre para girar. Cole o motor por dentro com a cola quente e, com a ajuda do lápis, faça um buraquinho lateral para passar o fio que vai ligar na bateria. Cole a bateria de 9 volts na lateral do copo de forma que a conexão do motor seja acessível.

Use as canetinhas para fazer os pés do robô fixando cada uma delas, com cola quente ou fita adesiva, na lateral do copo, como se formasse um banquinho. Faça dois cortes laterais, um de cada lado do copo para colocar o palito de picolé e formar o braço do robô.

Agora falta pouco. Cole os olhos googly que são aqueles de bonecos (ou se preferir você mesmo pode desenhar os olhos que mais gostar). Fixe o balão canudo vazio no pino do motorzinho que ficou de fora do copo.

Você vai ver que ele vai girar quando o motor estiver ligado. Por fim, enfeite seu robozinho como achar melhor. Agora é só ligar e você vai vê-lo caminhar pela superfície plana. Se fizer mais de um, dá para brincar de batalhas entre robôs.

CAPÍTULO 13

    A corrida de 100 metros rasos é muito rápida. Dura menos de 10 segundos. Se você olhar para o lado não sabe quem ganhou. O pai de Bernardo tem explosões de mau humor que se parecem com o Usain Bolt. Num momento ele está parado. No outro está na linha de chegada. No meio do caminho ficaram sua tolerância e empatia. Ele explode de raiva como se ninguém conseguisse fazer ele voltar ao normal.

    Um dia, a mãe de Bernardo marcou para se encontrar à tarde com o pai dele. Iam tomar um café. Ele ficou empolgado, fazia tempo que eles não se encontravam só para conversar. Não podia estar mais enganado.

    — Eu quero o divórcio, ela disse assim que ele se sentou.

    A frase o deixou paralisado. Logo ele, que nunca parava um instante. Sentado na cadeira, ele mexe, remexe e escuta os rangidos da cadeira como se ela falasse com ele: — Fique quieto, menino! Quantas vezes ele ouviu falarem isso com ele e depois com os filhos deles como se fossem todos inquietos e mal comportados.

    Ninguém da sua família se importou em saber se aquilo era sintoma de alguma coisa, ainda mais quando o pai de Bernardo era criança há mais de 30 anos atrás. Ir ao psiquiatra então era palavra proibida. Coisa de "gente doida".

Bernardo tinha TDAH, mas também uma combinação de Transtorno do Espectro do Autismo (TEA) (3) e Dislexia (4). Seu pai tinha TDAH, mas também tinha algo chamado Transtorno Explosivo Intermitente (TEI) (5). Pelo menos foi o que os psiquiatras disseram para eles.

A gota d'água para o pai de Bernardo foi quando ele teve uma briga feia com o menino. Foi por uma bobagem, mas seu pai não conseguiu evitar. O menino precisou fazer um exame médico e seu pai foi como acompanhante.

Quando chegaram no consultório, Bernardo não quis entrar de jeito nenhum. A explosão de seu pai

(3) O Transtorno do Espectro Autismo (TEA) é um transtorno do desenvolvimento neurológico, caracterizado por dificuldades de comunicação e interação social e pela presença de comportamentos e interesses repetitivos e restritos.

(4) A dislexia ocorre em crianças com visão e inteligência normais. É um distúrbio de aprendizagem caracterizado pela dificuldade de leitura. Os sintomas incluem fala tardia, aprendizagem lenta das palavras e atraso na aprendizagem da leitura.

veio como um vulcão: — Fique quieto!, gritou forçando o braço do menino para ele entrar.

Na sala de espera cheia, todos olhavam para eles assustados: — Papai?, disse Bernardo, com os olhos cheios d'água. Foi quando seu pai se deu conta do que tinha acabado de fazer.

Naquela corrida de 100 metros rasos, quem cruzava a linha de chegada era sua explosão de raiva. Sua consciência só cruzava a linha depois de correr os 42 quilômetros da maratona. Quando finalmente ele chegou, a raiva já tinha passado faz tempo, mas não haviam medalhas. Só o pódio da vergonha. Muita vergonha.

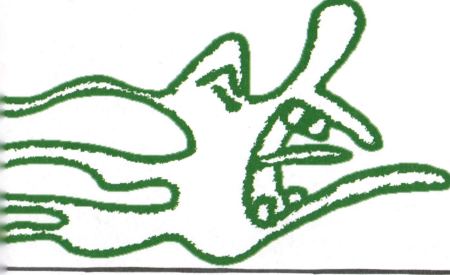

(5) Transtorno Explosivo Intermitente (TEI), também chamada de Síndrome de Hulk, é um transtorno mental grave, em que a pessoa portadora desse transtorno, age por impulsos agressivos de forma exagerada além do normal.

Muitas vezes incapacitante, ela não consegue se controlar sua raiva, afetando não só a si mesmo, mas também a vida das pessoas que o cercam, seus relacionamentos interpessoais, familiares e profissionais.

CAPÍTULO 14

— Você está me evitando?, perguntou Laura em uma mensagem de celular para Bernardo.

Primeiro ele custou a se lembrar quem era. Somente quando viu a foto é que se lembrou. Era a filha de um grande amigo de seu pai que ele conhecera em seu aniversário. Ele se esqueceu dela não foi porque ela não era importante ou que ele não tinha gostado dela. Pelo contrário, ele tinha gostado muito.

— Eu não estou te evitando, Bernardo escreveu de volta. É que às vezes eu olho para a tela do celular quando recebo uma mensagem, penso em responder, mas logo depois eu me distraio, explicou.

O aniversário de Bernardo havia sido muito divertido. Bolo, doce, refrigerante, cachorro-quente, pipoca e decoração de super-herói. Foi antes da pandemia, então todos os seus colegas de escola, mais um monte de vizinhos do prédio e outro tanto de crianças dos amigos de sua mãe e de seu pai, como era o caso da Laura, vieram.

Logo na entrada da festa todo mundo ganhou uma capa e uma máscaras vermelhas de super-herói que seu pai havia ficado até tarde da noite anterior fazendo porque ele sabia fazer capas como ninguém. Bernardo se lembrava de quando ele fez a primeira de tecido TNT e depois todos os colegas do prédio também quiseram uma.

Então ele achava uma boa ideia que a festa fosse de super-herói e que todos ganhassem uma fantasia igual. E a ideia foi realmente ótima. Todo mundo colocou na mesma hora a capa e a máscara e eles fizeram uma foto com todas as crianças usando o mesmo figurino.

— Todo mundo diga xis, disse o pai de Bernardo para a turma toda reunida enquanto fazia uma foto.

— X-I-SSSS, responderam sorrindo.

Clic-clac.

CAPÍTULO 15

O irmão de Bernardo vira um monstrengo quando está jogando video game. Ele tem pena dos amigos do irmão:

— Seu burro!

— Seu idiota!

— Poxa vida, Gustavo!

— O que é isso, Antônio!

— Vai se lascar, João!

Esse é o irmão de Bernardo jogando video game com os amigos. Parece que estão numa guerra. De fato, estão. Os gritos saem do quarto dele, mesmo de porta fechada, e ecoam pela casa.

Bernardo sabe de outras palavras que o irmão usa para animar seus amigos, mas não tem coragem de repeti-las. "Se meu pai ouvir eu falando as frases do meu irmão, ele vai lavar minha boca com sabão", pensa Bernardo. "Nem o Menino Aquático vai me salvar".

Quando o pai pergunta por que seu irmão grita tanto, ele apenas responde:

— É que às vezes eu me empolgo!

Bernardo também gosta de jogar video game com os amigos e faz o mesmo que seu irmão. "Conversa" com eles. Faz muito barulho, mas nem a metade do

irmão. Mesmo assim, sempre que seu irmão sai do seu quarto a primeira coisa que faz é dizer:

— Bernardo, para de gritar enquanto joga com seus amigos!

Olha só quem fala, pensava Bernardo. Só pensava, se dissesse algo era capaz de seu irmão brigar com ele e não se deve fazer isso com quem é o dono da conta da loja virtual de games.

Assim, sempre que seu irmão falava para ele não gritar, Bernardo aproveitava para dar uma paradinha e ir ao banheiro. Sua bexiga estava mesmo cheia e ele quase sempre esquecia disso enquanto jogava. No banheiro levava seu celular e aproveitava aquele momento de privacidade para continuar jogando.

Há um jogo que ele adora que só funciona quando ele vai ao banheiro. Ele jura. Só abre quando vai fazer número um ou número dois. Nem quando é só lavar a mão ou escovar os dentes ele abre. Fica pensando, pensando e trava.

No banheiro, Bernardo demora tanto tempo que nem percebe e o jogo carrega. Então é a vez dele travar e esquecer o mundo lá fora.

CAPÍTULO 16

Minha avó veio passar uma temporada conosco. Eu gosto muito. Ela faz praticamente todas as minhas vontades. Faz pastel de "nada" que eu adoro. Ajuda no meu dever de casa que é sempre difícil para mim. Vem ver se estou precisando de alguma coisa quando estou no quarto. Eu só não gosto de ir à igreja que é uma das coisas que ela mais adora. Como eu faço para dizer isso para ela?

— Papai? Posso fazer uma pergunta, diz Bernardo.

— Claro, Bernardo, disse seu pai.

— O que eu digo para a vovó quando ela me pergunta se eu gosto de ir à igreja?, questiona o menino.

— Não fala nada, apenas vá com ela, responde.

— Como assim não falar nada? Ela não vai saber a verdade?, exclamou o menino.

— Ela sabe, mas não podemos falar isso para ela...

— Mas se ela sabe, falar sobre isso não deveria ser um problema.

— Sim, mas não falamos para ela não ficar chateada.

— Não entendi.

— Funciona assim: ela sabe que a gente sabe, mas finge que não sabe que a gente sabe. Nós sabemos

que ela sabe, mas fingimos que não sabemos que ela sabe.

— Quer dizer que a gente mente?

— Não, a gente não mente, só não fala nada.

Bernardo ficou muito pensativo. Não demorou muito e sua avó entrou no quarto para saber o motivo do silêncio:

— O que você e seu pai estavam conversando, Bernardo? Pode dizer a verdade. Vovó vai ficar feliz com isso.

— Hum, dizer a verdade e te deixar feliz ao mesmo tempo não será possível, vovó.

CAPÍTULO 17

A chuva fala, não é? O trovão também fala, mas desse eu tenho medo. Até o vento, que sopra na nossa janela fala.

O mar também fala. Eu adoro ouvir os sons da chuva caindo, do vento assobiando e das ondas do mar quebrando na praia.

Vocês também já notaram que quase tudo na natureza emite um som? Passarinho, gato, cachorro... E nem adianta pedir para eles pararem de falar. Eles não falam português ou qualquer outra língua que você queira tentar. Falam porque tem que falar.

Então porque eu não posso falar o tempo todo? Todo mundo reclama que eu falo demais. Principalmente em momentos em que não devia.

Dentro do cinema é um desses momentos. Será que eles não sabem que tudo fala?

Só meu pai tem paciência para conversar comigo enquanto falo durante o filme. Na verdade, ele também conversa e não se incomoda com isso.

Quando alguém diz "shhhhhh" pedindo silêncio, ele logo responde mais alto "sssssssh" pedindo silêncio de volta.

Outro dia, em casa mesmo, estávamos assistindo a um filme de um super-herói que vive dentro do mar. Fiquei intrigado se aquilo era possível porque os heróis que eu crio podem ser copiados por qualquer um.

Eu bem que queria que o Menino Aquático pudesse visitar a cidade debaixo d'água do filme, mas acho que não consigo prender a respiração por tanto tempo. Ia acabar morrendo afogado e prefiro não correr esse risco.

Eu e meu pai estávamos vendo o filme, conversando como sempre, é claro, quando meu irmão passou pela sala fazendo "xiu".

Nós nem prestamos atenção.

CAPÍTULO 18

A história (6) foi mais ou menos assim: "Era uma vez um velho leão que não rugia mais e passava o dia numa caverna. De vez em quando ouvia algum bicho cantando do lado de fora: — Por que parou?

O leão sabia que estavam zombando dele, mas não podia fazer nada e continuava escondido na caverna. O tempo passava e tudo se repetia. Um dia, o leão ouviu algo diferente vindo de fora e, curioso, foi ver o que era: lá estava um menino que lia um livro em voz alta.

— Quem é você?, perguntou o leão.

— Eu sou Esopo, um contador de histórias, respondeu o menino.

— O que você está lendo?, disse o leão.

— Estou lendo uma história que escrevi sobre um velho leão que morava sozinho numa caverna, contou.

— E o que acontece comigo... Quer dizer: com o velho Leão da sua história?, falou o leão.

— É sobre o dia em que ele encontra um contador de histórias e quer saber que história ele estava lendo. O leão gosta tanto que resolve lê-las sozinho.

— O que acontece depois?, pergunta o leão.

— Depende de você, responde Esopo."

Essa história mudou a minha vida. Antes dela, eu sofria para ler qualquer coisa. Eu não gostava de ler, essa era a verdade. Mas essa história mudou tudo. Foi a Marisa, minha terapeuta, quem me mostrou. Ela me deu uma folha de papel.

Eu li que o título era sobre um leão e depois li a primeira frase e quis saber qual a história o contador estava lendo.

Quando ele falou que dependia do leão para saber o acontecia depois, eu não resisti e li um livro inteiro com textos que a Marisa chamou de fábulas (7).

O que era isso eu não sabia até aquele dia, mas adorei porque as histórias eram bem curtinhas e esse é um ótimo jeito de começar. E, agora, eu adoro contar essas "fábulas" em voz alta para todo mundo que eu conheço.

---

(6) A história do leão vem do livro "Minhas Fábulas de Esopo" (do original The Orchard Book of Aesop's Fables) do escritor britânico Michael Morpurgo, autor do famoso livro "Cavalo de Guerra", que fez sua versão das fábulas do contador de histórias grego.

Nascido na Ásia Menor, entre os séculos VI ou VII a.C., Esopo foi um contador de histórias de imensa cultura que foi capturado e levado para a Grécia para servir como escravo. Fez tanto sucesso contando suas histórias que uma estátua foi erguida em sua homenagem na Grécia. Esopo não teve um final feliz: foi injustamente acusado de um crime e condenado à morte. Suas histórias, entretanto, triunfaram sobre o tempo.

   Foi o poeta lusitano Bocage quem traduziu para o idioma português as obras de Esopo, a partir da versão escrita por La Fontaine. "A cigarra e a formiga"; "A lebre e a tartaruga"; "O leão e o rato"; "O lobo e o cordeiro"; e "A raposa e o corvo" são algumas das fábulas atribuídas a Esopo.

(7) As fábulas são composições literárias curtas, escritas em prosa ou versos em que os personagens são animais que apresentam características humanas, muito presente na literatura infantil. Em Esopo, todas elas tinham uma "moral da história".

CAPÍTULO 19

O arbusto dama da noite tem cheiro da infância do meu pai, ele me diz. E agora também têm cheiro da minha infância, já que ele me mostrou como é a pequena arvorezinha que exala esse perfume inebriante. Palavras deles, eu juro. Ele teve que me explicar por meia hora o que era exala e depois inebriante. Gostei. Acho que vou usar essas palavras mais vezes e contar para os meus colegas de escola que aprendi essas palavras novas.

Hoje eu e meu pai fomos para o interior. A gente quer assistir a uma chuva de meteoros que vai acontecer. Na cidade as luzes são tantas que não nos deixam ver as estrelas. Meteoros são ainda mais difíceis. Foi por isso que nós viemos. Não sei onde é exatamente, mas ele me pegou depois da escola, entramos no carro, andamos por mais de uma hora e chegamos num hotel fazenda.

A gente jantou. Meu pai pediu pizza de pepperoni, a minha preferida, mas eu confesso que mal podia esperar para ver os meteoros caindo. Fomos caminhando e o cheiro da dama da noite nos acompanhou o tempo todo. Eu concordo que o cheiro que ela exala seja inebriante — pronto usei as palavras novas que aprendi.

— Se é chuva, temos que levar alguma proteção?, perguntei para o meu pai.

— Chuva é um jeito de dizer. Não chove de verdade e nem cai em cima de nós, ele respondeu.

— Como isso é possível?, eu quis saber.

— Os meteoros são detritos que entram na atmosfera da terra em velocidades muito altas e deixam um rastro desta entrada. Parecem estrelas caindo. Quando são vários caindo, um depois do outro, ficam parecendo uma chuva de luzes, tentou explicar.

Ainda bem que não vamos precisar de um guarda-chuva. Eu gosto de me molhar, mas meu pai é de açúcar, lembram?

— Olha lá! Você viu? O primeiro acabou de passar, apontou meu pai.

— É mesmo! Tem outro. Mais um... E mais outro. Parece mesmo que está chovendo.

CAPÍTULO 20

Eu tinha medo de assombração, mas acabou. Antes eu dormia com pelo menos uma luz acesa. Isso também acabou. Gosto de ficar no escuro e perceber que depois de um minuto estou enxergando tudo. Na penumbra, mas enxergo. O olho se acostuma. Eu ouvi falar que os gatos enxergam até oito vezes melhor do que gente no escuro. Deve ser incrível. Tive vontade de ser gato para saber como é, mas isso também acabou.

Eu perdi o medo do escuro depois de uma história de assombração que meu pai me contou. De assombração falsa. Era assim: na cozinha da casa da minha bisavó, lá durante os anos 50, havia um armário fantasmagórico. De tempos em tempos, todas as louças dela caiam sem explicação. As louças haviam sido colocadas todas no lugar. Ninguém mexia nelas. As portas do armário estavam fechadas.

Então, de repente, no meio da madrugada, se ouvia um estrondo dos pratos caindo e se quebrando. Minha bisavó perdeu várias louças assim. O fenômeno nunca teve explicação e foi apelidado de "O fantasma das louças da Dona Sudária". E assim foi por 20 anos adiante.

Um dia, minha bisavó decidiu que era hora de reformar a cozinha e chamou um carpinteiro que era um senhor bem velhinho, quase como ela, para ver quanto ia custar armários novos. Depois de olhar aqui, de abrir um porta ali, o senhorzinho disse:

— A senhora vai reformar a cozinha inteira?

— Sim, quero trocar os azulejos da parede, o piso e encomendar armários novos, respondeu ela.

— Que bom, porque esses armários estão com a frente inclinada. Desse jeito, as louças da senhora vão acabar caindo, completou.

Minha bisavó teve um ataque de riso tão grande que o carpinteiro não entendeu, mas fez novos armários para ela. Nunca mais as louças caíram e o fantasma desapareceu.

CAPÍTULO 21

Muitos meses se passaram. Ouvi falar que o vírus que provocou a pandemia vai durar para sempre. Será? Quem sabe alguém do futuro vem nos contar até quando vai durar, não é? Mas há uma boa notícia: a vacina chegou. Aos poucos, os dias vão voltando ao normal.

A primeira pessoa que me contou isso foi a minha mãe. Eu só não gostei da segunda parte das notícias: as aulas voltaram a ser presenciais.

Teve um lado bom. Pela primeira vez eu pude ir à casa do meu pai sozinho. São apenas 10 quadras. Cinco da escola até a casa da minha mãe e outras cinco até a casa dele. Dessa vez eu vou direto para o meu pai. Meu irmão mais velho também iria da escola dele para lá.

Saí da escola e me senti como em uma aventura numa terra pós-apocalíptica devastada por um vírus mortal. Peraí, é isso mesmo que estamos vivendo e nessa hora eu pensei:

— Ufa, ainda bem que eu sei o caminho da casa do meu pai.

Sozinho, a cada passo, eu me lembro do tempo em que olhava para cima, via os prédios e ficava pulando para tentar ver o topo deles. Eu também não conseguia identificar o caminho. Hoje eu consigo.

De frente para o prédio onde meu pai mora, eu me anunciei na portaria e autorizaram a minha entrada.

— Oi pai!, disse Bernardo ao sair do elevador.

Seu pai já esperava por ele com a porta aberta.

— Oi Bernardo! Seu irmão já chegou. Ele está no videogame, informou.

— Iupi! Também vou jogar, gritou Bernardo correndo de encontro ao seu irmão.

FIM

EDUARDO FERRARI
INSTAGR.AM/EDUARDOFERRARI_

PAULO STOCKER
INSTAGR.AM/CLOVIS_STOCKER

ELÉTRICO, A TRILOGIA

Foi em 2015, que o escritor Eduardo Ferrari teve a ideia de criar uma série que retratasse as crianças portadoras de Transtorno de Déficit de Atenção e Hiperatividade (TDAH), inspirado na história real de seu filho caçula Gabriel. O título provisório era "Manual para entender o menino saltitante".

Enquanto escrevia os primeiros capítulos, Eduardo mudou o nome do projeto para "O menino elétrico" e vários ilustradores chegaram a ser convidados para criar os traços do protagonista. Nenhum deles, entretanto, conseguiu dar a personalidade e originalidade esperada para o personagem.

Em 2017, Ferrari conheceu o artista plástico e cartunista Paulo Stocker, criador do pantomímico personagem "Clovis", que ao ler os primeiros capítulos do livro se encantou com "Bernardo", nome do personagem:

— Eu também devo ter TDAH! Preciso ilustrar sua história!, exclamou.

Foi Stocker quem sugeriu o nome final ao livro:

— O menino elétrico? Gostei muito, mas não basta "Elétrico" que todo mundo vai entender?

Assim, em 2019, "Elétrico" ganhou as livrarias. Àquela altura já estava definido o segundo livro como "Distraído", que mesmo com a pandemia foi lançado em 2020, sempre com o traço de Stocker. Finalmente, em 2021, a trilogia foi concluída com o livro "Falante", retratando a evolução do personagem ao longo dos anos.

Este livro foi composto com tipologia KG Blees Your Heart e Gotham e impresso em papel off set noventa gramas no qüinquagésimo oitavo ano da publicação do primeiro livro da série "Le Petit Nicolas" (traduzido no Brasil como "O Pequeno Nicolau"), dos artistas franceses René Goscinny e Jean-Jacques Sempé.

São Paulo, junho de dois mil e vinte e um.